아나이스 닌

거짓의 바다에서

아나이스 닌: 거짓의 바다에서

지은이 | 레오니 비쇼프
옮긴이 | 윤예니
초판 1쇄 발행 | 2022년 8월 31일
펴낸이 | 최윤정
만든이 | 유수진 이민정 전다은
디자인 | 이아진
펴낸곳 | 바람북스
등록 | 2003년 7월 11일 (제312-2003-38호)
주소 | 서울특별시 종로구 필운대로 116 (신교동) 신우빌딩 501호
전화 | (02) 3142-0495   팩스 | (02) 3142-0494
이메일 | barambooks@daum.net
제조국 | 한국

www.barambooks.net

ISBN 979-11-973817-3-7 (07860)

Anaïs Nin – Sur la mer des mensonges
By Léonie Bischoff
Copyright © Casterman / 2020
All rihgts reserved. Korean Translation Copyright © Baram books / 2022
Korean translation edition is published by arrangement with Casterman

INSTITUT   Cet ouvrage a bénéficié du soutien des Programmes d'aide à la publication de l'Institut français.
FRANÇAIS 이 책은 프랑스 해외문화진흥원의 출판번역지원프로그램의 도움을 받아 출간되었습니다.

아래 두 작품에서 영감을 얻었다.

『헨리와 준(Henry and June)』
© 1986 by Rupert Pole as Trustee under the Last Will and Testament of Anaïs Nin
© 1987, 1990, 2007, Éditions Stock pour la traduction française

『근친상간(Incest)』
© 1992 by Rupert Pole as Trustee under the Last Will and Testament of Anaïs Nin
© 1995, 1996, Éditions Stock pour la traduction française

레오니 비쇼프

아나이스 닌

거짓의 바다에서

BARAM
BOOKS

삶만으로는 상상을 충족시킬 수 없다.

아나이스 닌

아!

저기 오네요.

나 왔어요, 휴고.

여보, 이쪽은 보르댕 씨 부부, 이쪽은 모리스 씨 부부… 리처드 오스본은 이미 알 테고… 제 아내 아나이스입니다.

반갑습니다.

길러 씨 말로는 예술가시라면서요?

오, 이이가 과장한 거예요!

천혀요! 아나이스는 다재다능한 예술가죠.

어떤 작업을 하세요?

글을 써요. 아직 출간된 작품은 없지만요.

오, 멋지네요! 전 그림을 그린답니다. 애들도 다 컸으니 시간 때우기에 그만이죠.

자녀가 있으신가요?

아니요…

휴고도 은행에서 안정적으로 자리 잡았겠다, 슬슬 계획하실 때가 됐죠.

안 그런가, 길러? 서둘러야지!

모리스 씨의 무례를 용서해 주세요, 아나이스. 은행 저녁 모임에서 매력적인 젊은 여성을 본 게 처음이라 저럽니다.

게다가 프랑스 문화와 그 특유의 저속함에 제대로 맛을 들였죠.

따리에 오신 지 얼마나 됐나요?

이제 3년 됐네요. 최근에 교외로 이사했습니다. 루브시엔으로요.

뉴욕이 그리우시겠어요.

네…

억양이 굉장히 독특하군요!

오…

덴마크와 쿠바 혼혈 어머니, 스페인과 쿠바 혼혈 아버지 사이에서 태어나 프랑스와 뉴욕에서 자랐답니다.

그렇게 저만의 억양이 만들어진 거죠.

정말 이국적이군요!

다들 당신한테 반했어!

자기, 표정이 어둡네.

별일 아냐… 피곤해서 그래.

12

일을 줄여도 될 날이 오겠지…
그때까진 지금 같은 수입이 필요해.

당신이 내 몫까지 하면 되지!

내 걱정은 마.

당신 창작 활동을
돕는 것으로 만족해.

창작이라… 내가 일기 말고 다른 것도 쓸 수 있을까?
내게 일기는 마약이자 거울이고 동반자다. 하지만 정작
내가 쓰고 싶은 건 소설이다. 출간이 가능한 글!

내 사랑…

이렇게 다정하고,
내 성격도 다 받아주는데…

왜 솔직한 심정을 그에게
털어놓지 않지?

음?

답답하다고 말이야!

은행가가 아니라 천재의 아내이고 싶다고!
지금의 삶 때문에 서서히 죽어가고 있다고!

그만해. 그이는 그저
지지가 필요할 뿐이야.

그럼 넌? 누가
널 지지해 주지?

휴고… 또 너도 있잖아.
내 일기, 내 분신…

완벽한 아내 행세가
지겹지 않아?

오늘은 괜찮아.

15

좋습니다. 그럼 지난번처럼
커피나 한잔 하죠.

오늘은 안 돼요.

다음에 봐요.

무대에 서는 게 왜 꺼려질까?

휴고나 은행 문제가 아니다.

가톨릭 문화의
영향이리라…

자신을 드러내는
여자는 창녀다.

하지만 미랄레스가 맞다.
플라멩코의 관능성은 신비로움,
성스러움과 통한다!

아직 체험하지는 못했지만
내 안에 있는 관능성도
마찬가지다.

휴고하고 경험하지 못한
내밀하고 강렬한 무언가를
뚜렷하게 느낄 수 있다.

우리 둘 다 결혼 전까지
순결을 지켰다.

개신교 가정에서 자란 휴고도
나와 다를 바 없었다.

결국 휴고가 카마수트라를 샀다.

삽화를 보니 부끄러웠지만
흥분되기도 했다.

하지만 관능이 곡예 같은 자세에서
온다고 생각하진 않는다.

서로에 대한 사랑, 신뢰…

이것이 내밀함의 비결이다.

오늘은 상냥하게 굴고 싶다.
휴고를 위해 요리를 하고,
양말을 꿰매고…

알랑디 박사는 내 반자연적 충동을 바로잡을 수 있다고 해.

정상적으로 살 수 있을 거라더라.

벌써 여자와 어울리는 데 흥미가 생기기 시작했다고!

지금 날 비웃는 거야, 사촌?

얼마 전까지만 해도 내가 널 좋아했다는 거 알잖아.

나도 그래!

내 방식대로…

내 사춘기 시절 절망을 이해해 주고 내 시를 높이 평가해 준 건 너뿐이야…

그러고 보니 D.H. 로렌스에 대해 쓴다던 에세이는 어떻게 됐어?

오, 잘돼 가!

초고 하나를 끝내고 퇴고 중이야.

리처드가 보여주던가요?

거의 강요였죠!

그럴 만했어요.

정말 강렬하더군요, 여성의 글이라고 믿기지 않을 정도로.

그렇군요…

그래서 오늘 저녁 초대에 응한 겁니다.

물론 훌륭한 식사도 보장돼 있었고요!

아나이스, 헨리에게 보여줄 수밖에 없었어요! 로렌스에 대해서 제대로 아는 게 없지 뭡니까! 당신의 접근법 덕에 새롭게 눈을 뜬 거죠.

오, 안녕하세요!

변호사로서 의견을 구하려고 드린 거지, 여기저기 보여주라는 건 아니었어요!

고마워요, 에밀리아.

그건 알지만 두 사람이 나눌 얘기가 많을 거라 생각해요.

좀 무례한 사람 같은데요…

그래도 재능은 엄청나죠!

아니스!

'아나이스'예요.

30

헨리는 확실히 예술가다. 예민하고 호기심이 많다. 유쾌하기도 하다.

나이 든 현자인 양 눈을 가늘게 뜨고, 삶에 도취된 것처럼 보인다.

단단하고, 꾸밈없고, 강렬하다.

또 오세요. 원고도 보여주시고요.

고맙습니다, 아니스, 휴고.

나와 같은 부류다.

또다시 소설 때문에 주눅이 든다.

어제까지 팔딱거리며 살아 숨 쉬던 것이 오늘은 죽어버렸다. 인위적이고 서툰 콜라주에 불과하다.

정말 일기 아닌 다른 글은 쓸 수 없는 걸까?

원료를 설득력 있는 이야기로 변신시킬 연금술은 불가능할까?

로렌스에 대한 에세이에 관심을 보이는 편집자와 만나기로 했다. 하지만 오늘 유난히 나약하고 불안한 마음이 든다. 신경 쇠약이 날 가만두지 않는다. 사라지고 싶다.

LOUVECIENNES

사랑 없이는 불가능하다며 거부했지만
그는 믿지 않았다.

요염한 얼굴을 하고 로렌스를 두둔하는 내가
순진할 리 없다고 했다.

어떤 남자도 내 순진함을 믿지 않는다.
키스를 허락한 건 사실이다.

그가 날 소파에 앉히더니
성기를 내 입술에 가져다 댔다.

내가 뺨이라도 맞은 듯 벌떡
일어나자 날 비웃었다.

여태 만난 그 어떤 남자보다 키스에 능숙했다.

내가 불러일으킨 욕정이니 가여워서, 내 다리 사이로
성기를 문질러 자위하게 됐다.

빚을 진 셈이니까.

휴고에게 모든 걸 털어놓진
않는다. 내 일기는 둘로
구분된다. 그중 하나는
비밀로 남아야만 한다!

그렇지만 난 순수하다고
생각한다…

셋, 넷!

세뇨라 닌,
무슨 문제라도?

죄송해요, 선생님.
한창 작업에 몰두할 때는
제가 좀 이상해지거든요…

요즘 통
저답지가 않죠?

전혀요, 세뇨라.

그 어느 때보다
세뇨라다운 모습인걸요.

그 어느 때보다 매혹적입니다!

미랄레스 선생님!

부인에게 마음이 갈수록
부인의 춤 실력도 더 느는 것
같군요… 아나이스…

발목에 입 맞추고 싶습니다!

42

미랄레스 씨는 친절한
분이라 수강생들에게
이용당하기도 한다.
단순하고 좋은 사람이다.

그는 춤이 자신의 유일한
정부라고 말한다.

나도 일기가 내 유일한 정부라는
생각을 할 때가 있다!

나 때문에 혼란스럽다고 한다.

그래서 자선을 베푸는 마음으로…

속바지 위로 성기에
입을 맞추게 내버려뒀다.

앞으로도 일기를 둘로 나눠
쓸 생각이다!

'가짜' 일기엔 휴고에게 몽상이라고
말한 것을 기록한다. 넘쳐나는 상상력의
배출구인 셈이다.

휴고에게
보여주지는 않는다.

'진짜' 일기는 지금껏
그래 왔듯 몇 구절씩 읽어
주기도 한다. 의문점을 드러낼
때도 있지만 내 순수함의
이상을 유지하는 일기다.

안녕하세요!

아, 아나이스!

마침 당신 얘기 중이었어!

내 얘기?

아니스!

실망스럽군요.

휴고 말로는 벌써 몇천 페이지나 써뒀다던데!

고작 로렌스에 대한 에세이만 읽게 해준 겁니까?

그게… 개인적인 내용이라서요!

하지만 이미 손을 본 부분들도 있잖아? 헨리에게 꼭 보여줬으면 해.

내 소설은 몇 장이나 통째로 읽었잖아요. 나 역시 개인적 경험에서 영감을 얻는다는 걸 알 텐데요.

꾸준히 일기를 쓰는 사람들에게 지대한 관심이 있답니다.

내용을 보여주는 게 싫다면 일기장이라도 보여주시죠.

처음엔 유럽에 남은 아버지에게 보내는 편지 형식이었죠.

이해가 안 갔거든요…

열한 살에 어머니, 동생들과 함께 미국행 배에 오른 뒤에 일기를 쓰기 시작했어요.

우리와 함께 살자고 설득할 생각이었어요.

어머니 때문에 편지를 보낼 수는 없었어요.

멈추지 않고 계속 썼어요.

그렇게 일기가 탄생한 거죠!

경이롭군요!

이 모든 순간을 간직하다니… 엄청난 글감이네요!

미처 승화되지 못한 글감이죠. 다른 누군가가 읽을 만한 작품으로 가공되지 못하고 있으니까요!

이야깃거리도 있고 나누고 싶은 경험도 있어요. 하지만 적절한 모양새를 못 찾겠어요.

내용을 보여주시죠!

당신에게 큰 도움을 받았습니다. 함께 작업하면서부터 순조롭게 진행되고 있죠.

나 역시 도움을 주고 싶습니다.

생각해 볼게요.

타자기 있으세요, 헨리?

오, 아니요, 지금은 없습니다.

제 걸 빌려드릴게요!

아니, 아니, 괜찮아요!

언젠가 가장 아름다운 여인을
상상해 보려 한 적이 있다.

그때 본 여인이 바로 준이다.

아니스…

아'나'이스예요.

물론이죠, 아나이스.

헨리는 당신 이름을
발음할 줄 몰라요.

얘기 많이 들었어요.

안녕하세요, 아니스.

준!

헨리 얘기는
모두 진실이었다.

준이 하는 말마다
앞뒤가 안 맞는다.

사실인 척할 뿐이다.

준은 붙잡을 수 없는
환영이다.

헤어질 무렵, 나는 마치 남자처럼
속절없이 사랑에 빠져버렸다.
순과, 순의 육체와, 순의 마력과.

붙잡고 싶었다.
평생 그녀를 꿈꿔왔다고
말하고 싶었다.

다시 만나야겠다!

무슨 소리야?
사람들 말이 이해가
안 된다고?

따분하고
천박한 여자 같아…

순한테 끌리니까
하는 말이지?

아니,
전혀 아니야.

당신이라면,
당신이 남자라면…

홀딱 빠져버릴 테지!

맞아!

게다가…

51

헨리 말로는 벌써 몇 번이나 여자와 연인 관계를 맺은 적이 있대.

나라도 그런 여자라면 만날 수 있을 것 같아…

오, 여보, 그래, 당신이라면…

오, 아나이스, 당신은 정말 멋져!

정말 사랑해!

나도 사랑해, 휴고…

준…

준!

준.

52

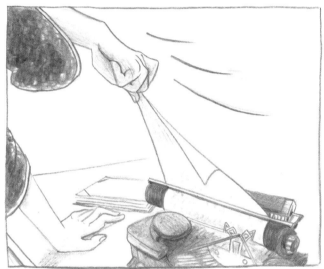

아나이스!

엄마?
어쩐 일이세요?

네 아버지
편지다!

몇 년간 편지는커녕
내 소식이든 너희들 소식이든 한 번을
안 묻더니!

53

이제 와서 나한테 편지라니, 무슨 꿍꿍이겠니?

나를 비웃으려는 게지!

파리로 돌아온단다. 멋진 동네로, 그것도 새 여자와 함께.

스무 살이나 어리다는구나!

그러면서 우리가 형편이 나빠져 파리 외곽으로 밀려났다고 안쓰러워하는 척이라니…

아나이스, 정말이지…

엄마, 우리 이러지 마요…

무시하세요!

54

헨리가 당신 얘기를 해주면서
제일 중요한 건 빠뜨렸더군요…

그는 당신을 전혀
이해하지 못해요.

내 상상을 충족시켜주는 여자는
당신이 처음이에요.

내가 곧 떠나서 다행이군요.
당신은 금세 내 가면을 벗길
테니까요!

당신을 만나고 싶어요.

둘이서만?

네.

카페에서 준을 기다리면서도
올 리가 없다고 생각했다.

대낮에 홀로 존재하는
준이라니, 믿기지 않는다.

마침내 모습을 드러낸 준은
혼자가 아니었다.

사람들의 시선이 따라왔다.

조롱하는 듯 적대적인
시선도 섞여 있어 마음이
아팠다.

준은 나처럼 화려한 의상을 입고 있었다. 나처럼
세상에 작품을 내보이고 있었다.

헨리 말로는 마약을 한다고 한다. 거무스름한 눈 밑 그늘과
창백한 피부가 그 증거이리라. 하지만 그 창백함은 곧 그녀의 일부다.
준은 밤에 속한 사람이다.

나는 갈피를 잡을 수 없고 앞뒤가 맞지 않는
준의 이야기를 들었다. 소매에 난 구멍들,
해진 안감이 눈에 들어왔다.

준은 가난을 겁내지 않는다,
오직 베일이 벗겨질까 두려워 할 뿐.

거짓으로 꾸며낸
준의 이야기를 듣고 싶다.

실크와 향수로
뒤덮어주고 싶다.

준을 러시아 찻집으로 데려갔다.

러시아 노래를 들으면
비탄에 잠기게 된다.

준의 삶도 그렇다.
상상으로 끓어올랐다가 스스로
불사른다.

당신을 품에 안고
어루만지고 싶지만 그럴 수
없었어요…

당신에게 키스하고 싶었어요.

다 끝났다.

준은 유일한 장신구인
묘안석 팔찌를 내게 주겠다고
고집을 부렸다.

내게서 가져간 것이라고는
낡은 드레스와 향수 약간뿐이다.

준!

아나이스.

기운 차려야지, 여보…
춤 연습이라도 가볼까? 곧 발표회잖아.

아니면 당신이
쓴 글을 내게 읽어
주는 건 어때?

아직.

장편소설이야.

준에 대한
얘기지.

준에게 집착하는군!

당신이 이런 상태에 빠지는 게 싫어.

이 팔찌도 싫고.

당장 빼!

싫어!

준의 유일한
흔적이란 말이야!

당신이 싫다면
내가 빼주지!

나는 온 힘을 다해
팔찌를 붙들었다.

휴고가 폭력적인 모습을
보인 건 처음이다.

나를 아프게 했다.

여느 여자들처럼 힘 앞에
굴복했다면 좋았으리라. 하지만
이미 늦었다.

준을 사랑하게 되면서
내 안의 남성성이 깨어났다.
굴복한다 한들 진심이 아니다.

열정에 사로잡힌 채 준을 위해,
그리고 준과 함께 나를 불사르고픈 마음과
휴고를 사랑하고 그에게 전념하고 싶은
마음 사이의 갈등이 극에 달했다.

도대체 왜 난
한 방향으로만 나아갈 수
없을까?

헨리와 난 거의 매일 서로에게 편지를 쓴다. 그는 집필 중인 소설을 몇 구절씩 적어 보내기도 한다.
그의 글솜씨는 경이롭다. 헨리 역시 준이 떠난 뒤로 피폐해져 있다.

안식처를 주고 싶어
루브시엔으로 초대했다.

하지만 우리가 준 얘기만
나누게 될 줄 알고 있었다.

몇 페이지씩 쓰고도 결국
다 찢어버리고 말았죠.

손에 잡히지 않는
사람이에요.

준은 없어요. 오직 거짓뿐입니다.

이제 창녀들하고만
어울립니다. 적어도 정직하긴
하거든요.

당신도 마찬가지예요.
당신은 남자의 적이
아니니까.

며칠 뒤 헨리가 종종 글을 쓰러 가는 카페에서 다시 만났다.
그가 창녀들을 만나는 곳이기도 하다.

몇 구절은 최근 읽은 것 중에서
제일 아름답더군요!

당신은 엄청난 재능을
가졌어요, 아니스!

고마워요, 헨리!

이미지를 다루는 데
놀라운 힘이 있어요!

가끔 모호할 때가
있는데…

더 직접적으로
표현하면 어떨지?

제가 추구하는 바가
아니라서요…

문법이 애매할 때도
있더군요.

교정해 드리죠!

자, 예를 들어
여기를 보면…

음, 아니에요, 의도한 거예요.
제가 주려는 인상을 더 잘
나타내거든요.

어머니, 호아킨,
에두아르도…

엘렌과 조르주…
헨리…

순서는 다들 잊지 않으셨죠?
갑시다!

모두에게
행운을 빕니다!

짝   짝

브라보!

아나이스!

아버지! 아버지가
객석에 있었어!

확실해?

그렇게 오래 못 뵈었는데…

그냥 닮은 사람
아니었을까?

확실해.

눈빛으로 날
꿰뚫는 것 같았어.

목소리도 들렸어. "무슨 생각으로 사람들 앞에
나선 게냐? 창녀도 아니고!"

동생들과 나를 혼낼 때 듣던
목소리였어. 맞을 때도…

당신… 이런 얘긴
한 번도 안 했잖아.

기억이 되살아났어.

에두아르도가 찾아왔다.

정신분석을 받아보라고 다시 권했다.

맞는 말인지도 모른다. 난 미친 것 같다.

헨리가 감동적인 편지를 보냈다.

발표회 때 흔들리던 모습에 걱정이 됐단다.

그의 편지가 날 동요시킨다.

한 통을 더 썼지만 정신 나간 내용이라 찢어버렸다고 한다.

검고 높은 의자에 성녀처럼 올라앉은 내가 보인다고, 날 둘러싼 신비의 베일을 찢어버리고 싶다고 한다.

그의 시선이 느껴진다. 하지만 난 검고 높은 의자에 앉은 채, 손댈 수 없는 여자로 남을 것이다.

모욕당하고 싶지 않다던 그의 말이 떠오른다.
이 상황에 맞는 말이다.

똑
똑

좀 어때, 여보?

식사는 했어?

난 애가 아니야, 휴고!

그냥 좀 쉬면 돼.

…

당연하지,
아나이스.

가엾은 휴고…

오, '가엾은 휴고'!

언제까지 동정심을
붙들고 있으려고?

준이 강한 건
동정심이 없기 때문이야.

좋은 사람이 되고 싶어…
그 무엇도 파괴하기 싫어.

파괴가 곧 창작이야.

꿈으로만
창작할 수도 있잖아.

내가 접근할 수 없는 쾌락이
존재한다는 생각을 떨칠 수가 없다.

휴고를 사랑하고 원하지만
단 한 번도 만족감을 느낀 적은 없다.

휴고가 너무 감성적이고
여성스럽기 때문일까?

아니면 관능을 탐구하기에
수줍음이 너무 많기 때문일까?

휴고의 미숙함에 지치기도 하지만,
다른 남자들이 내게 보인 야만적인 욕정은 거부한다.
순진한 면이 좋기도 하고…

휴고를 사랑한다.
이 완벽한 남자에게
충실하고 싶다.

그런데도…

에두아르도!

아나이스!
휴고!

와줘서 기뻐!

아, 밀러도 왔군!

이쪽은 프레드!

그 유명한 아니스로군요!

이게 쿠바
댄스파티지!

쿠바 혈통도 섞였다고 했죠?

맞아요! 고작 몇 주 지낸 게 전부긴 하지만요.

결혼 직전이었어요. 사교계에 데뷔했었죠.

지금과는 전혀 다른 분위기였어요!

마실 것 좀 가져올게!

아니스···

늘 당신을 생각해요.

헨리, 우리 관계는 어디까지나 정신적이라는 거, 알잖아요!

아나이스, 한 곡 춰야지!

85

그런데 이제 그 육신을 완벽히 사로잡은 거지.

아니, 어쩌면…

네가 사로잡힌 걸까?

내 관능미엔 은밀한 힘이 있어, 에두아르도…

진가를 발휘할 순간을 기다리는 거지.

착각이에요, 헨리.
난 당신이 보는 것과 달라요.

아니스, 제발,
난 계속 당신의 편지에서,
댄스 플로어에서 본 당신을
보고 싶어요…

헨리…

키스가 영원히 끝나지
않았으면 했다.

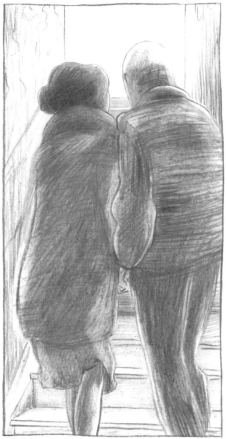

내 방으로 갑시다.

그의 품에 안기면
내 몸이 녹아내린다.

부드러운 손…

그의 손길은
강하지만 부드럽다.

정확하다.

아니스.

자연스럽다.

당신, 오늘
아주 빛이 나는데?

오, 휴고,
영감이 가득 떠올라!

오후에 헨리를 만났어.

함께 일하면서부터
변화가 느껴져…

해방되는 기분이야.

당신이 이렇게 아름답고… 강했던 적이 있었나?

잠깐,
기다려!

내가 위로
올라갈게!

오, 아나이스!

당신이
움직이니…

미칠 것 같아!

이런 만족감은
처음이야.

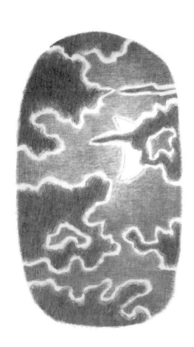

헨리의 에너지를 잔뜩 부푼 베일로 감추고
휴고에게 돌아간다.

이제 휴고를 사랑하기가 더 쉬워지지 않았어?

맞아…

있는 그대로의 모습을 사랑해.
더 이상 다른 사람이 되라고
강요하지 않을 거야.

이렇게 순수해진 기분이 드는 것도 위선일까?

넌 항상 네게 허락된 삶 속에서
숨이 막힌다고 했잖아.

헨리를 사랑해야 휴고를
더 사랑할 수 있어…

춘처럼 닻줄을 풀고
환상을 좇으며
살고 싶지 않아?

아니, 분별을 잃기 싫어. 게다가 난 휴고를 너무 사랑하잖아.
나한테 그렇게 잘해주는데, 상처 주기 싫어.

1919년, 뉴욕 교외 큐가든스.

똑 똑

에두아르도!

아나이스!

아바나 생활은 어때?

아나이스! 이모들에게 인사하렴!

네 편지 덕에 버티고 있어. 아무도 날 이해 못해.

뉴욕에 살다니, 넌 정말 운도 좋다!

뉴욕? 여긴 큐야. 뉴욕과는 딴판이지…

하지만 좋은 도서관도 있고, 조용해서 글쓰기엔 좋아.

애인이야?

잘 모르겠어…

1918년, 큐가든스.

아나이스!

아나이스, 당장 내려오렴!

스프가 다 탔잖아!

책은 널브러져 있고!

동생들만 두고 혼자 뭐 하니?

죄송해요…

학교를 그만뒀으면 엄마를 도와야지, 하루 종일 공상만 하고 있으면 어떡해!

네, 엄마.

네 아버지 편지도 그만 기다리고!

크리스마스도 아닌데!

1916년, 뉴욕.

하늘에 계신 우리 아버지…

멀리 계신 내 아버지…

아버지의 나라가 오시며…

아버지가 집에 오시며…

1915년, 뉴욕.

아나이스, 방에서 나오렴.

싫어요!

아무도 날 이해 못 해요.

네 방이 아주 좋기는 하다만, 네 동생들은 그 방에서 놀거나 관심을 갖기에 너무 어리단다.

저라고 토르발 숙제나 호아킨이 피아노를 때려 부수는 소리에 관심이 있겠어요?

아나이스!

저 고약한 말버릇! 그 못된 표정까지 꼭 네 아버지 같구나! 그러면 못써!

1914년, 뉴욕.

1913년, 아르카숑.

휴…

아니스.

어릴 적 일기를
보여줘서 고마워.

감동적이야.

지금 당신 모습이 그대로 있던데?

그림 솜씨도 뛰어나고!

그래서 아버지가 떠난
이유는 알아냈어?

오, 작곡가이자 피아니스트로
명성을 얻으니 여자들이 많이 꼬였죠.
여행도 자주 떠나고,
어머니를 속이기도 하고…

그러다가 결국 두 분 사이가 나빠졌어요.
어머니는 아버지 때문에 성악가 활동도 포기했죠.

여자는 일도 할 수 없고, 예술가가 될 수도 없고,
무대에 오를 수 없다는 게 아버지 생각이었어요.

화가들의 모델로 일하게
되면서 생각해봤어요.

아버지라면 날
창피하게 여겼겠지…

모델 일을 했다고?

순수하고 순진한 아니스가?

그런 모델은
아니고요.

잘 지냈나, 헨리?

오, 장!

104

준…

준.

준!

그리고 헨리.

말도 안 돼! 당신이 파리에 온 게 내 덕이라는 건 인정해야지!

안녕하세요…

아나이스!

아니스…

오, 아나이스! 다시 만나 얼마나 기쁜지!

나도요, 준…

헨리가 나에 대해 쓴 글 읽었죠? 그 소설 속 인물 있잖아요…

*준이 돌아왔어. 오늘 밤 라쿠폴에서 만나.

날 본떠 만든 인물 말이에요.

난…

당연히 읽었겠죠!
요 몇 달 새 헨리를 위해 수많은 일을
했으니까요!

맞아요… 같이 일했거든요…

헨리에게 돈까지 줬더군요.
이이가 그 돈을 어떻게 썼는지
알아요?

상관없어요…

헨리는 돈을 얻어낼 사람을
항상 찾아내죠.

난 헨리를 위해 희생했어요, 편히 글을 쓸 수 있도록!
그 결과가 고작 소설 속 '모나'라니!

우스꽝스럽고
가치 없는 존재!

헨리가 다 망쳤어요.
당신은 날 이해하죠, 아나이스?

그럼요.

헨리의 글은 당신보다는 자신에 대한 이야기예요.

그래요? 그이 말로는 당신도 나에 대해 썼다던데.

읽어보고 싶네요.

오… 그런데 아직…

헨리한테 사본이 있잖아요. 그이 집으로 가요!

가봐야 해요.

"가봐야 해요." 늘 그런 식으로 빠져나가네요.

다른 세상 사람이다, 이건가요?

준, 그게 아니라…

헨리가 그러더군요. 당신이 우리에게 관심을 보이는 건 삶이 지루해서라고요.

준! 그만해.

그만 들어가지.

같이 갈게요. 당신이 내 글을 읽었으면 좋겠어요, 준.

이건… 시잖아요…

모호해요.

이건…

내가
아니에요.

난 도스토옙스키 같은…
다른 걸 기대했어요.

당신들 둘 다…

날 이용했군요!

준…

이 흡혈귀들!

몸이 안 좋아요, 너무…

좀 어때?

잠들었어요.

아니스.

안 돼요…

아니스, 우리 사이에 바뀌는 건 없어!

준은…

거짓말이야!

도대체 당신한테 무슨 말을 했는지 모르지만…

준과 나 사이엔 열정이 없어.

그가 내게 키스했고, 나도 화답했다.

아무것도 바뀌지 않았다. 우리의 관계는 자연스럽기 그지없다.

준과 헨리가 다시 합쳤으면 하지만, 너무 늦었다.

취하긴 했어도
그날 일은 다 기억해요.

더 이상 잊을 수가
없거든요.

헨리는
거짓말쟁이예요.

그는 당신을 사랑하죠. 알아요.

준…

오, 준…

당신 몸을 보고 싶어.
입 맞추고 싶어.

안 돼. 그리
아름답지 않거든.

당신 목을
졸라야겠어.

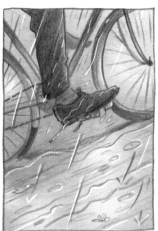

너 동시에 여러 명을
사랑할 수 있잖아.
휴고, 준, 헨리…

그의 키스는 나를 반쯤 흥분시키는 데
그쳤다. 하지만 난 그의 아름다움에
항상 흔들린다.

내가 그토록
꿈꿔온 일이자…

에두아르도가 여성의 몸에 대한 거부감을
극복하게 도울 수 있는 일이다.

관계 후, 그는 기뻐하며
다정하게 굴었다.

오, 아나이스, 너에게 큰 빚을 졌어.

고마워.

헨리에게
고마워해야지…

121

잠시 대기하시면
선생님이 부르실 거예요.

들어오세요!

닌 양!

알랑디 선생님.

편히 누우세요.

여기까지 온 이유를
말해보실까요?

제 사촌 에두아르도 산체스가
가보라고 해서요…

아, 산체스 씨! 매력적인 분이죠!
당신 얘기를 많이 하더군요.

상처를 줄까 봐 걱정이에요.
그 애가 좋은 일만 겪길 바라거든요…

그 점은 걱정 마시고,
어떤 감정을 느꼈는지 말해보시죠.

글쎄요…

쾌락은 아니었어요.
연민과… 거리감이었죠.

매번 그런가요?

아니요!

내 상황을 설명하는 동안 그의 목소리에서는 판단하려는 기색이
전혀 느껴지지 않는다. 독단적이고 적나라한 진단을 기대했는데
그저 부드럽게 웃음기 어린 반응만 돌아온다.

분열되고 파편화된 것 같은 느낌을 언급하면
더 관심을 보이는 것 같다.

최근에 아버지가 다시 연락하고 싶다며
편지를 보내오셨어요.

어릴 때 아버지를
무척 사랑했군요.

네… 굉장히
엄격하시긴 했지만요.

흠.

일기 얘기로 돌아가보죠.

일기에 뭘 쓰시죠?

전부요!

123

제겐 위안이자 거울이고 마약이에요.

일기를 통해 저와 다른 사람들의 성격을 탐구해요. 분석이라고 해두죠!

의미를 찾는 거예요… 제 내면엔 다양한 모습, 모순되는 면면이 있어요. 일기는 꼭 저 같아요.

당신을 스스로와 화해시킬 수 있다는 희망이 보이는군요!

하지만 그러려면 일기 쓰기를 중단할 필요가 있습니다. 생각은 저에게 털어놓으시죠.

일기를 경쟁 상대로 생각하는 사람이 하나 더 늘었네!

이 사람은 달라… 날 도울 수 있을 것 같아!

뭘 돕는데? '정상'이 되도록? 에두아르도처럼?

그의 에고를 충분히 치켜세워줄 인물이 돼봐. 그럼 분명 진실과 환상을 구분하지 못할걸.

그저 인간일 뿐이야, 신이 아니라고. 네게 불필요한 존재지.

오, 헨리…

그의 편지는 내 정신과
육신에 불을 지핀다…

우린 지칠 줄 모르고 글쓰기와
섹스에 대해 이야기한다.

헨리를 떠올리면
다리를 벌리고 싶어진다.

그를 만나러
가면…

달콤한 말과
애무가 쏟아진다.

휴고의 아름다운 두 눈이 은행 일에 지쳐 오래전 사라졌다고 생각한 창조적 열정으로 반짝였다.

당신 사진을 찍으셨다고요?

남동생들도 함께?

아니요.

아버지는

주로 제 나체를 찍으셨어요.

어떤 기분이 들었죠?

저한테 관심을 가지시니
좋았어요.

가끔은…

그때부터 너무 마른 게 아닌지, 진짜 여자는 맞는지 두려움을 갖게 됐어요.

본론으로 돌아갑시다.

아버지의 눈길이 기뻤다고 하지 않았나요?

가슴을 예로 들어볼게요.

제 가슴은 빈약해요.

비정상일까 봐 걱정이죠.

의사로서 어떻게 생각하시는지 궁금해요.

하! 흠! 걱, 걱정 마세요, 닌 양. 발달은 정상입니다.

고맙습니다, 선생님.

내가 당신 행복만 빈다는 거 알잖아.

차라리 화를 냈으면 싶었다.

하지만 그는 이렇게 말했다.

당신을 용서할게…

휴고가 잠든 뒤 헨리의 편지를 모두 모아 숨겼다. 일기도 함께.

왜 진작 숨기지 않았을까?

왜 휴고가 나를 믿고 싶어 하는데 안심이 되는 게 아니라 감금된 기분이 들까?

나도 모르게 그가 폭발하길 기대했나?

아나이스.

아버지.

아버지와 자주 만나게 됐다. 떨어져 지낸 20년 동안의 일에 대해 이야기를 나눈다.

우린 정말 똑같아!

아름답구나. 스페인 여자가 다 됐어!

네 어머니처럼 될까 봐 걱정했다.

아버지는 내 사악한 분신이다.

내 모든 결점의 집합체.

거짓투성이.

연기의 필요성.

무한한 금지.

아버지를 보고 있으면 내 거짓말에 환멸이 든다. 또 내가 얼마나 교만한지 깨닫게 된다.

누구를 어떻게 차지했는지 서로 자랑을 늘어놓았다. 아버지의 새 여자는 휴고와 똑같다. 선의 그 자체라고 할까.

우린 서로 거짓말할 필요가 없지.

하지만 하고 있다.

내가 다른 사람들을 위해 살려고 노력하는 이유는 아버지처럼 되기 싫어서다.

아버지는 자신의 잔혹한 성격조차 자랑스러워한다.

그게 바로 닌이지!

나도 자랑스럽다. 엄마의 표현대로 내 '닌'스러운 부분이…

원대함, 고결함을 추구하는…

아버지를 아버지가 아니라 끝없이 매력적인 남자로 보게 된다.

남부에서 함께 휴가를 보내자꾸나!

다들 네가 내 정부인 줄 알겠지. 구미가 당겨!

아버님과 휴가를?

자주 만나면서부터 혼란스러워 보여.

늘 아버님 얘기뿐이고…

건강한 관계 같지 않아, 아나이스.

아버님이 정말 당신을 생각하는지 모르겠어. 새로운 면을 보게 돼 기쁜 건 알겠는데, 너무 믿지는 마!

그러게.

난 이제 어린아이가 아니야. 더 이상 아버지가 겁나지 않아.

알랑디 박사와 잤다.

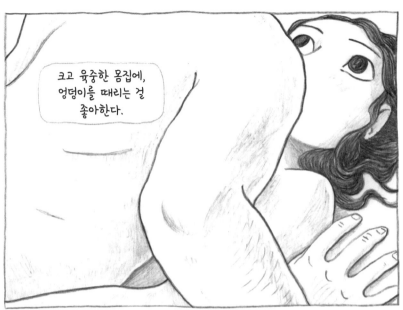

크고 육중한 몸집에,
엉덩이를 때리는 걸
좋아한다.

그의 친절이 마음에 와닿는다.

그의 나약함 역시…

그는 내가
헨리를 떠나야 한다고
생각한다.

내가 나 아닌 헨리의 영감을 키우는 데
에너지를 낭비하고 있다고 했다.

질투하는 거다.

다음 주에 뵈어요,
선생님.

런던 잘 다녀와, 휴고!

보고 싶을 거야, 여보!

나도!

일도 잘하고!

에밀리아?

네, 부인.

사흘간 휴가를 줄게요.

유급으로요.

정말요, 부인?

밤에 혼자 괜찮으시겠어요? 어머님과 동생분도 스페인에 가셨잖아요.

괜찮아요! 개들이 있잖아요.

알겠습니다.

에밀리아?

네, 부인?

고마워요.

뭘요.

헨리와의 사흘.

시간을 초월한
사흘간의 행복.

우리의 말과 몸이 뒤엉키며 대립하고
서로에게서 양분을 취한다.

남편과 아내.

예술가들과 편집자들.

뮤즈들과 천재들.

알랑디 박사를 다시 만났다.

진심이 아니었다.
그런 척했을 뿐.

그가 내게
마음이 있는 것 같아
가책을 느낀다.

우리의 관계도, 상담도
그만둬야겠지…

하지만 정신분석에 점점
관심이 생긴다!

누나!

왔어, 호아킨?

매형이 그러던데,
아버지와 함께
휴가를 간다며?

도대체 왜?

여태까지 당한 걸로 부족해?

142

넌 모를 거야, 호아킨.

난 아버지 같은 사람이야.

그런 말 마! 두 사람은 근본적으로 달라.

호아킨…

양심의 가책을 덜려고 우리와 화해하려는 거 모르겠어?

그리고 어머니를 화나게 하려고!

난 그렇게 해야 해.

도무지 누나를 이해할 수가 없어.

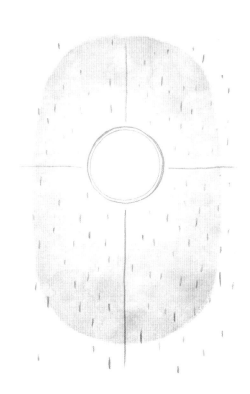

여러 차례 외출을 시도했지만 등 통증 때문에
고작 몇 분 서 있기도 어려웠다. 수치스러워하셨다.

왜 이렇게 오래 걸렸지?

우리에 갇힌 사자 같았다. 엄청난 힘을 갖고도
옴짝달싹 못 하는 신세라니…

어릴 때 네 눈엔
내가 냉정해 보였겠지.

네 어머니는
끔찍했다.

모든 면에서 날 들볶았지.
내가 부정하다고 비난했고.

사실이잖아요!

그렇긴 해도
네 어머니는 품위가
없었어.

유머 감각도!

그 점에 있어서
우리 유머는 악마적이죠.

헨리가 절 데려간 호텔 방에
에두아르도를 데려가는 게 즐거웠어요.

하하!

나도 그랬지…

네가 자유로운 여인이라는 걸 눈치채고
겁이 났다, 아나이스.

저도 그래요.

겁을 내면
안 되지.

가까이 오렴.

입 맞추게 해 다오.

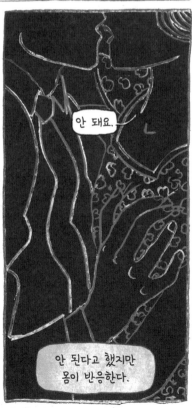

안 돼요.

안 된다고 했지만
몸이 반응한다.

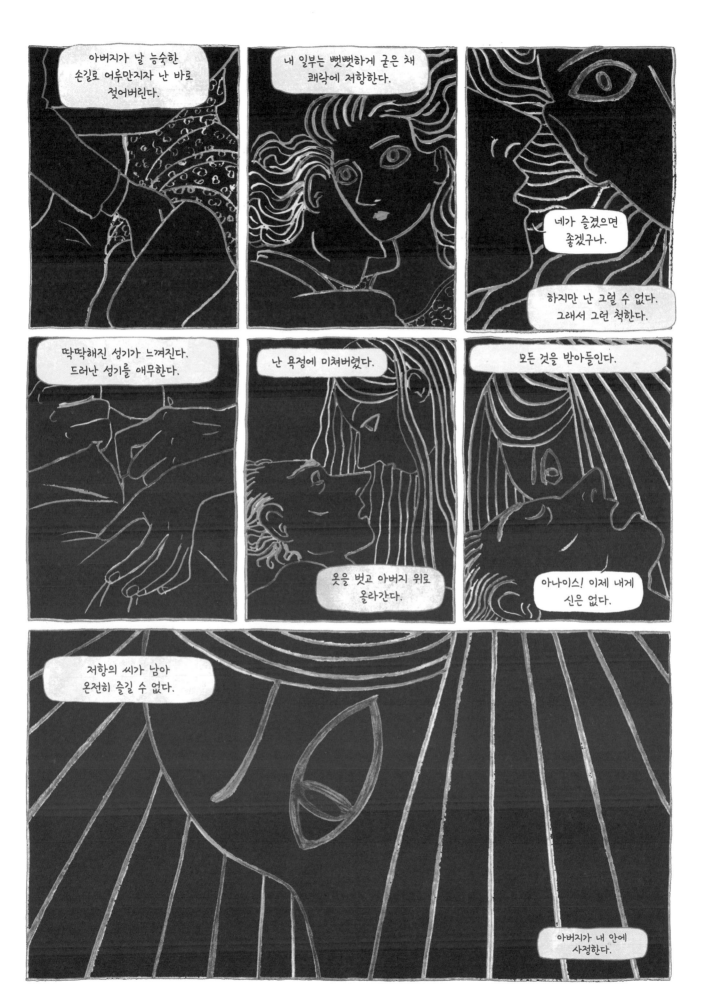

난 산산조각난 채
죽어간다.

헨리와 아비뇽에서 며칠을 보내고 따리로 돌아왔다.

난 아프고, 지쳐 있었지만 헨리는 다른 사람을 돌볼 줄 모른다.

헨리, 항상 돈이 부족한 헨리, 술 취해 나누는 대화와 얼간이들에 매료되는 헨리…

날아갈 듯한 행복과 극도의 무기력 사이에서 위태롭게 흔들리는 기분이다.

휴고 앞에서는 멀쩡한 척하려고 노력한다.

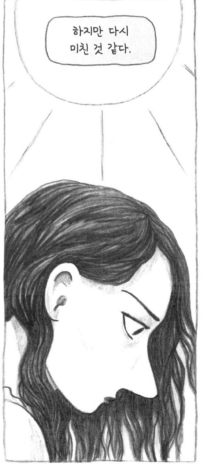

하지만 다시 미친 것 같다.

아버지에게 사로잡혔다.
서로에게 멋진 편지를 쓴다.

더 이상 일기 외에
다른 글은 쓰지 않는다.

일기가 죽어버렸으면 좋겠다.

말할 수 없는 이 사랑에 대해 한 마디도 쓸 수 없다니!

호텔 방 안에서 혼자
앓고 있는 나를 두고 헨리는
아비뇽 관광 중이었다.

늘 그랬듯 속내를 털어놓고
스스로를 마주하고 싶었다.

아나이스!
오, 만나서 정말 반가워요!

마리아!

저도요!

여보!
따님이 왔어요!

아나이스!

앉으렴!
보다시피 좌골신경통이
또 말썽이로구나…

어… 힘드시겠어요.

차 한 잔 어때요?

고맙습니다.

그래! 새 집은 어때 보이냐?

근사하지 않니?

정말 근사해요!

정말 어둡다.

정말 부르주아스럽다.

정말 구식이다.

아버지처럼…
어찌나 늙어 보이는지…

안락의자에 앉아 젊은 아내와
간호사 놀이를 하는 모습이라니.

아버지의 젊은 시절 사진을
보면서 내가 유령과 사랑에
빠졌었다는 사실을 깨달았다.

집에 돌아오니 돈을 요구하는 헨리의 편지가 와 있었다.

왜 항상 이런 식일까?

애인은 어린아이가 되고, 처음부터 다시 시작해야 한다.

아나이스!

휴고!

162

걱정돼, 아나이스…

알랑디 박사를 만났어. 박사도 당신이 계속 분석을 받아야 한다고 생각해.

다른 의사를 만나보면 어떨까?

논문을 하나 읽었는데…

신경증 증상이 나열돼 있었어.

전부 당신한테 있는 증상이더라고.

웃음이 나와?

신경 써줘서 고마워, 휴고.

사람들이 광기에 시달리는 건 그 광기를 주체하지 못하기 때문이야.

예술가들은 깊이 파고들어 광기로 치장하고 또 그 안에서 다른 삶들을 발견하지.

알랑디는 날 치료하려고 해. 날 바꾸고 싶어 하지.

난 그냥 나야.

난 그런 당신을 사랑해.

난 휴고에게 그가 꿈꾸던 아나이스를 주었다. 그를 위해 쓰는 일기를 통해…

내 시선, 목소리, 몸짓을 통해…

일주일에 한 번 각자 자유롭게 저녁 시간을 보내기로 합의한 것도 그에게 도움이 되고 있다.

나는 남자들의 욕망을 비추는 거울이다. 그리고 내가 남자들을 위해 연기하는 인물들이 그들의 창의성에 불을 지핀다.

휴고가 다시 글을 쓰고 그림을 그리기 시작해서 정말 기쁘다.

난 내 감정들을 정돈했다.

아버지에 대한 사랑이 이상으로서의
사랑이었음을 안다.

헨리에 대한 사랑은
인간적이고, 꽤 현실적이다.

원고 정서를 도와줘서 고마워, 아니스!

좋아서 하는
일인걸요!

발췌본을 보낸 출판사들에서 답이 왔나요?

아직…

나도 찾아볼게요.

메모라도
덧붙일까 봐요…

서문…

서문을 써주면 어떨까?

우리 소설을 끝내고 나면…

모든 걸 뒤로하고 도망쳐야겠어!

같이 살면서…

하루 종일 글을 쓰고 사랑을 나누고…

더 이상 거짓말은 안 돼!

거짓말 때문에 책망을 받으면 반발심이 조금 생긴다.

사랑을 살리고 보호하는 거짓말이다.

헨리는 이해하지 못한다. 누구든 보호하려 한 적이 없으니까.

난 절대 휴고를 떠나지 않을 것이다.

『예술과 예술가』?

파리에서 활동하는 분석가 오토 랑크의 책이야. 프로이트나 알랑디와 달리 예술가를 이해하는 사람이지.

여자도 잘 이해한다던데?

랑크. 아름다운 면에 주목하고 나머지는 무시하는 습관 덕분에 그의 생기발랄한 눈빛에 빠져서 엉망인 치열과 작은 키는 잊게 된다.

명민하고, 학구적이라기보다 본능적인 사람이다. 그는 내 삶과 일을 요약해 보라고 한다. 둘이 분리될 수 없음을 바로 이해한 것이다.

그 일기 말인데, 가져왔습니까?

예, 어디든 갖고 다녀요.

읽어보고 싶군요.

사실 여기 놓고 갔으면 합니다. 제가 일기를 당신에게서 떼어놨으면 해서 가져온 것 아닌가요?

하지만… 그 사람들을 떠날 수 없어요!
얼마간 고립된 생활을 하면 어떻겠습니까? 몇 주 정도 호텔에 머문다든지?
남편이 찬성할지 모르겠어요…
휴고
아버지
헨리
에두아르도
랑크의 요구 때문에 겁이 나면서도 흥분된다. 일기와 애인들에게서 동시에 떨어지다니, 얼마나 충격적인지…

고민해봤어…

랑크 박사 생각이 그렇다면…

그리고 당신 생각에도 떨어져 있는 게 도움이 된다면 난 찬성이야.

몇 주 동안.

문제가 하나 더 있어…

병원에 가야 해.

조산사와 약물로 낙태를 시도했는데…

뭐라고?

아이가 떨어지지 않아서 수술을 받아야 해.

도대체 왜, 아나이스?

왜 낳지 않으려는 거야?

낳을 수 없어, 휴고!

난 엄마가 될 수 없어.

그럴 순 없어.

172

이미 너무 버거워!
사는 것도, 나 자신이
되는 것도…

미치지 않는 것도!

이제 겨우 균형을 찾기
시작한 것 같단 말이야.

전부 사실이다.
게다가 헨리의 아이다.

그럼 난?

내가 이 아이를 원한다면?
내가 돌볼게!

난 엄마가 될 수
없어, 휴고.

쾅!

임신 사실을 알고서
온갖 감정이 교차했다.

아이와 나 자신에 대한 자부심…
분노… 연민…

랑크의 실험에 응하기로 했다.
그래서 며칠 전부터 호텔에서 지내고 있다.

옆방에 헨리를 들어앉혔다는 얘기는
하지 않았다.

작업은 순조롭다.
동시에 여러 프로젝트를
진행 중이다.

더 이상 일기는 쓰지 않고, 아직 어떤 프로젝트에도
어울리지 않는 아이디어를 노트에 적고 있다.

일주일에 몇 차례 랑크와 만나
흥미로운 토론을 벌인다. 분석가가 되기 위해
그와 함께 공부를 시작할까 한다.

그런데 우리의 상담은
최근 예상치 못한 방향으로
흘러가게 됐다…

사랑 앞에 열정적이고, 냉소하지 않으며 경탄하는 사람.

오, 아나이스…

나만큼이나 풍부하고 살아 숨 쉬는 영감을 가진 사람을 찾은 것 같다. 끊임없이 호기심을 갖는 사람.

이번엔 연기가 아니다.

이런 걸 느껴본 적 있습니까?

아니요. 달라요.

항상 다르지.

그렇다…

모든 남자는 내 안에 새로운 감정, 새로운 아이디어를 불러일으킨다. 모든 관계는 새로운 아나이스와 새로운 세계를 탄생시킨다.

그리고 각각의 아나이스는 자신을 일깨운 남자만을 위해 존재하며 다른 아나이스들 모두에게 영감을 준다.

괜찮으세요?

좀 어떠세요?

아아아아아아악!

벌써 몇 시간째다.

아이는 이미 너무 커졌고
내 골반은 너무 좁다.

의사의 인내심도
바닥났다.

힘주세요, 부인!

기다란 도구가 거칠게
내 몸 깊숙이 들어온다.

아아아악!

힘주기가 좀
나을 겁니다.

의사의 말과 달리 고통이
날 마비시킨다.

다시 시도하려는 게 느껴진다.

힘을 그러모은다.

178

다시 하지 말아요!

마취제 투여해요.

괜찮아요으쉬 외 응으으으오

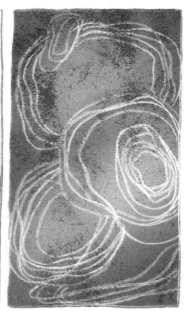

의사가 왜 화를 내는지
알고 있다.

몸을 열어 이 생명의 조각, 과거의 조각을
놓아주기를 내 일부가 거부한다는 사실을
간파한 것이다.

고통을 참을 수가 없다.

살아야 하는 이유를
떠올리려 노력해 본다.

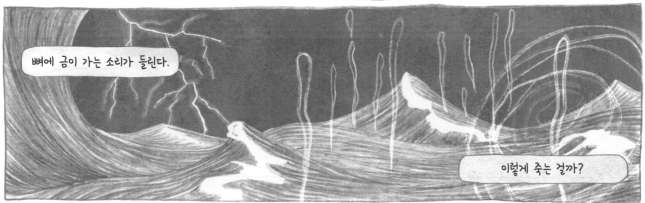

뼈에 금이 가는 소리가 들린다.

이렇게 죽는 걸까?

처음엔 이 모든
고통 때문에 화가 났다.

다음엔 슬펐다. 죽음과 파괴를
초래했다니 너무나 슬펐다.

하지만 마음속으로는
해야 할 일을 했다는 것을
알고 있다.

모성을 거부함으로써
내 안의 어린 소녀를 떠나보냈다.

더 이상 아버지는 필요 없다.

안간힘을 써 눈을 뜬다. 이번에는 사람들도 나를 막지 않는다.

내버려두세요.

잔잔한 리듬으로 배를 조심스럽게 두드린다.

원시인 같아!

아이에게 나와야 한다고 설명한다.

서서히, 서서히…

신경이 깨어나고 있다.

준비됐어요.

간호사가 무릎으로 내 배를 누른다.

아이가 나온다.

처음으로 나는 미처 지는 줄도
몰랐던 태양이 떠오르는 것을
보았다.

ㅗㅇㅗㅇ년, 레오니 비쇼프

나의 할머니들 에블린과 자닌, 나의 어머니 카린,
나의 언니 클레망틴과 나의 조카 윌라,
그리고 자신의 삶을 개척하는 내 삶의 모든 여성들에게 이 책을 바친다.

나의 편집자 나탈리의 섬세함과 통찰력, 그리고 카스테르망 팀,

아틀리에 밀,

니콜라에게 감사를 표한다.

옮긴이의 말

아나이스 닌에게는 남성 편력, 불륜, 근친상간, 양성애, 중혼과 같은 키워드가 늘 따라붙는다. 물론 이 모두는 작가가 열한 살부터 죽기 전까지 작성한 방대한 분량의 일기에 근거한 이야기이다. 하지만 진실과 허구의 경계를 뚜렷이 구분할 수 없는 일기의 특성을 차치한다 하더라도, 이렇듯 자극적이고 선정적인 이미지로 쉽게 소비되는 닌의 작품 세계와 생애를 진지하게 들여다보려 한 사람이 얼마나 될까?

이 책을 쓰고 그린 레오니 비쇼프는 대학 시절 닌의 일기를 접하고 가슴을 울리는 무언가를 느낀다. 그 '마법'을 다른 이들과 나누기 위해 작가의 일대기를 기획하고 작업에 착수하지만, 진행할수록 딱딱한 논문을 작성하는 기분이 들었다고 한다. 큰 진전을 보지 못한 채 오랜 시간 잠들어 있던 프로젝트는 7~8년이 지나서야 새롭게 빛을 보게 된다. 외부의 시선으로 닌의 생애를 그리기보다, 남성이 지배하는 예술계에서 여성 창작자의 자리, 개인적·성적 자유, 창의성 등 닌의 일기에 등장하는 주요 주제들을 '닌의 언어'로 말해야 한다는 깨달음이 비쇼프에게 찾아온 것이다.

비쇼프는 일대기를 포기하는 대신 닌이 남긴 방대한 분량의 일기 가운데 1930년대 초반을 다루기로 한다. 20대 후반의 나이로, 예술적으로도 개인적으로도 확신을 갖지 못하고 방황하며 자신만의 표현 방식과 정체성을 탐색하는 닌에게서 자신의 모습이 겹쳐 보였기 때문이다.

한편, 1930년대는 여성이 객체의 위치에서 벗어난 주체로서 자신의 욕망을 드러내며 여성과 남성을 욕망의 대상으로 삼는 것을 용인하지 않고, 순진하고 정숙하며 순종적인 존재라는 이상화된 이미지로 여성을 옭아매던 시절이기도 하다. 특히 근친상간은 시대와 사회를 막론하고 금기로 여겨진다. 닌과 아버지 사이에 실제로 무슨 일이 일어났는지까지는 정확히 알 수 없지만, 정신적·신체적, 그리고 성적 학대가 있었다는 사실은 일기의 내용만으로도 충분히 짐작할 수 있다. 그러나 이런 트라우마는 오히려 예술가로서의 닌을 폄하하는 구실로 종종 이용되곤 한다.

바로 그렇기 때문에 비쇼프는 닌과 아버지가 재회 후 관계를 맺는 장면이 제일 어려웠다고 고백한다. 고민 끝에 작가의 묘사에 가장 가깝게 표현해야겠다는 결론을 내린 뒤 일기에서 발췌한 문장들로 장면을 구성하고, 검은 바탕에 색조를 입혀 네거티브 효과를 연출해 닌이 육체에서 빠져나와 외부에서 자신을 지켜보는 듯한 모습을 연출해 냈다.

닌이 스스로를 페미니스트라고 지칭한 것도 투사를 자처한 것도 아니지만, 내밀한 것에서 출발해 정치적인 것으로 나아간다는 점에서 그의 투쟁과 오늘날 페미니즘 사이에 많은 공통점이 있다는 것이 비쇼프의 생각이다. 비쇼프의 생각이 독자 여러분에게도 충분히 전달되었기를 바란다.

2022년 여름,
윤예니

이 책은 98명의 독자들이 함께 참여하여 만들었습니다.
『아나이스 닌 : 거짓의 바다에서』 독자 북펀드에 참여해주신 모든 분께 감사드립니다.

cains.lee Lee Shine yeonsoossi
YOKO 강창훈 강태훈
곽은혜 구봉회 권인정
김나연 김시연 金雅蘭 , 金藝麟
김종경 김지인 김혜령
김혜진 김희정 남권우
룰루랄라리 바람나무 박경진
박미주 박신영 박진미
박하나 박흥수 배주영
배혜진 백수영 빛나
서지민 서창현 소나기책방
손수원 송정환 신동규
신지호 심성훈 안단테
안효정 엄인정 유미환
이민정 이보배 이상현
이선우KINDB 이세연 이승필
이영주 이희진 인삼
장다혜 장순주 장욱
장은희 전민영 정민지
조영아 존 골트 주정현
진문이 차이티라떼 천현정
최문선 최해린 푸울
현은월 황현희 희도리